윗세오름 까마귀

시와실천 서정시선　070

윗세오름 까마귀
시와실천 서정시선 070

초판 1쇄 발행 | 2023년 12월 15일

지 은 이 | 김춘기 김영옥
펴 낸 이 | 장한라
펴 낸 곳 | 시와 실천
등록번호 | 제2018-000042호
등록일자 | 2018년 11월 27일
편 집 실 | 04554 서울특별시 중구 충무로 7-1
전   화 | 010-4549-8727
전자우편 | jhla22@daum.net
편집·인쇄 | 도서출판 시와실천

ISBN 979-11-90137-60-7 03810

값 10,000원

* 이 책은 제주특별자치도 제주문화예술재단의 2023년도 문화예술지원사업의
  후원을 받아 발간되었습니다.
* 이 책은 전부 또는 일부 내용을 재사용하려면 저작권자와 '시와 실천'의
  동의를 받아야 합니다.
* 이 도서의 국립중앙도서관 출판도서목록은 서지정보유통지원시스템 홈페이지
  (http://seoji.nl.go.kr)와 국가자료공동목록시스템(http://www.nl.go.kr/kolisnet)
  에서 이용하실 수 있습니다.

윗세오름 까마귀

김춘기 김영옥 부부시집

* 본문에서 페이지가 바뀌며 연 구분 공간이 있을 때에는 〈 표기를 합니다.

■ 시인의 말

첫 번째 부부시집이다.

함께 글 쓰고 감성을 연주하며 제주살이를 만끽한다.
새로운 하루하루가 고향의 시냇물처럼 여울져 다가온다.

언제나 두 마음의 주파수 맞추며
시의 들판을 걷는다.

2023년 늦가을
모슬포에서 김춘기 김영옥

■□ 차례 / 김춘기 시인 편

1부 매미울음 볶다

여름 전쟁 – 19
소양강 빙어 – 20
영천사, 한낮 – 21
매미울음 볶다 – 22
나팔꽃의 궁금증 – 24
아버지 뒤란 – 26
백목련과 수제비 – 28
저녁 식탁 – 30
화전동 529번지 – 32
몽당비누 – 34
폭설 열차 – 35
달과 어머니 – 36
말복, 공양 – 38
희망연립, 맨홀 – 40
안개 터널 – 42
냉이의 변신 – 44
버드나무 집성촌 – 46

2부 마다가스카르 바오밥나무

가출한 입술 − 49
장례 만찬 − 50
아프다, 아프리카 − 52
마다가스카르 바오밥나무 − 53
통조림 뉴욕에 가다 − 54
고집, 인해전술 − 56
하늘 전화 − 57
종점 − 58
도봉산, 주식시장 열다 − 60
죽변, 아침 바다 − 62
밥 이야기 − 64
쓴맛에 관한 고찰 − 66
대설, 캐시밀론 공장 − 68
여름 하오, 남춘천역 − 70
서울 황조롱이 − 72
못 − 73
양주에 내리는 눈 − 74
삼현三峴 아라리 − 76

■□ **차례 / 김영옥 시인 편**

1부 새들의 품질보증서

감정을 리셋하다 — 81
삶의 사칙연산 — 82
제로섬의 법칙 — 84
당근마켓에 보내다 — 86
쓸모없는 걱정도 쓸 데가 있다 — 87
윗세오름 까마귀 — 88
제주 귀촌 — 90
최고의 선물 — 92
남자가 여자를 사랑할 때 — 94
뷔페 한 접시 — 95
새들의 품질보증서 — 96
단발머리 소녀들 — 97
봄꽃 향기에 빠지다 — 98
목련 — 99
낮술에 대한 편견 — 100
벚꽃길 — 101
오래된 휴식 — 102

2부 빗방울 랩소디

바닥에 대한 경고 - 105

거짓말 - 106

곶자왈 노루 울다 - 107

섯알오름에서 - 108

아버지의 기도 - 109

황홀한 고립 - 110

내가 나에게 몬드리안의 추상화처럼 - 111

별식 - 112

남편의 앙코르 - 113

베트남 쩐티 - 114

빗방울 랩소디 - 115

동막 갯벌 - 116

보여줄 수 있다면 - 117

꽃들과 대화하다 - 118

빗방울 여행 - 119

가을 달빛 - 120

아오리 향기 같았던 너 - 121

■ 해설 / 박현솔(시인, 문학박사) - 123

김춘기 시인 편

1부

매미울음 볶다

여름 전쟁

　대관령 국도변, 초여름 땡볕 군단이 양떼목장에 주둔하는 사이
　산기슭 채마밭 대파와 바랭이가 몸싸움 중이다.

　벌컨포 K2소총 수류탄도 보이지 않는 내전
　별이 뜨거나 달이 얼굴 내밀면 일시 휴전이다. 날이 밝으면, 다시 벌어지는 국지전투. 순간 다국적군 환삼덩굴, 칡넝쿨이 파병의 기회를 엿본다.

　일출과 함께 전열을 정비한 개망초 여단
　퇴로를 차단하고 대열을 정렬 중인 대파 병사들을 언덕 쪽으로 밀어붙인다. 언덕 서쪽 광활한 배추밭에 제초제가 살포되자, 텃새들이 소나무 숲을 산릉선 쪽으로 급히 퇴각 중이다.

　폭염도 진지 구축했다
　속셈은 오직 자국 이익 계산뿐
　서울 간 파밭 주인이 돌아오면, 전세는 일시에 바뀔 것이다.

소양강 빙어

　진눈깨비가 바람의 꼬불꼬불한 회로를 타고 내려와 강의 정수리에 소복이 앉는다. 소양강 얼음 밑에서 빙어들이 빛이 되어 물살을 몰고 다닌다. 적설량에 맞춰 호수는 수온을 세밀하게 조절한다. 날이 밝자, 잠에서 깬 빙어들이 속속 모여든다. 물소리도 사방에서 모여든다. 여기저기 얼음을 치는 해머 소리에 강물은 귀를 막고, 크고 작은 근육들을 연신 밀고 당긴다. 빙어는 그 틈새를 따라 삐삐선 굵기의 물길로 갈래길을 만들며 빠져나간다.

　밤새 빙점 가까이 눈금을 내린 강물은 소수점 한 자리만큼 달아오르는 빙어의 몸을 살짝 식혀준다. 실핏줄 속에 냉기가 스밀수록 투명도를 높이는 빙어. 단식으로 뱃속까지 말갛다. 어부의 그물 위에서 작은 못처럼 튀어 오르는 날렵한 살점들. 낚시에 걸려 얼음 위로 올라오는 은빛 파편, 파편. 강물도 줄지어 튀어 오른다. 햇살도 덩달아 파닥파닥 튄다. 강의 뱃속에서 미니 화살촉이 되어 쏘다니는 몸체들. 여기저기 강의 미세혈관을 뚫고 있다.

영천사, 한낮

천수경 소리와 함께 접시꽃이 붉게 핀다.

마당귀에서 햇살을 쪼아 먹던 참새들이 대웅전 계단에서 깨금발을 뛰고 있다. 장수말벌이 들락거리는 단청 아래, 선잠 깬 쇠물고기가 종을 치며 정오를 알린다. 아침부터 명부전 곁의 밤나무, 하얀 국수를 연신 뽑아낸다. 명지바람이 밤꽃 향을 날라 분홍 접시에 수북이 담는다.

목탁소리 한 접시, 개울물소리 한 접시, 풍경소리도 한 접시…

물오리나무가 절 마당에 다녀간 뒤, 여우비가 재빠르게 지나간다. 하얀 손수건을 꺼내든 하늘이 산마루에 내려앉는다. 신갈나무 겨드랑이에 터를 잡은 까막딱따구리 딱딱 목탁을 치는 사이, 밤꽃 접시꽃이 여기저기 또 피어난다.

하짓날, 전생의 부부들이 상봉하는 중이다.

매미울음 볶다

아침부터 매미가
제 울음을 굵은 체에 쳐서 볶는다

발가벗겨진 말복 햇살이
테팔 프라이팬에서 탁탁 튀어 따끔따끔하다
붉은 꽃 배롱나무가 고개 흔들며 몸을 털고 있다
전봇대에 납작 엎드린 털매미, 참매미, 애매미
느티나무 어깨와 겨드랑이에 다닥다닥 붙은
쓰르라미, 깽깽매미, 두눈박이좀매미
혼성합창 경연 중이다
정오쯤부터 산 넘어, 개울 건너
재수생, 대학생, 취준생 매미들까지
무더기로 프라이팬을 들고 몰려온다
동네 참깨, 들깨 죄다 퍼 날라 달달 볶는다
한쪽에선 기름에 지글지글 녹두 지짐이
육적굽기, 계란말이, 꼬치꿰기 야단법석 시끄럽다
앞마당 마른 솔가지 타는 화덕
국 끓는 열기에 속옷이 다 젖는다

벽오동나무는 옆에서 눈 감고 부채질 중이다
큰어머님, 작은어머님, 고모님, 서울 누님
까부르고, 뒤집는 프라이팬에
매미울음이 한 줌씩 뛰어들어 노릇노릇 익어간다

재작년 일흔넷 어머니가 수저를 놓으신 날이다

나팔꽃의 궁금증

덕양중학교 울타리에
가출 여학생 닮은 꽃이 핀다
귀걸이에 언니 루주 바른 입술들
목 빼고 밖을 내다본다
그 곁 선잠 깬 나팔꽃
목젖이 보이도록 하품이다
길 바쁜 바람이 지나가자
나팔이 여기저기 떨어진다
나팔을 놓친 가시내들
담 밑에 앉아 나팔소리를 줍는다
곁을 지나가던
사내아이들 가던 길을 멈춘다
학교 밖 간판 없는 문방구, 구멍가게가
흙담에 어깨를 기대고 우두커니 서 있다
입술 빨간 말괄량이 미희
조회 시작하기도 전
바람보다 빠르게 교실 밖으로 뛴다
새내기 음악 선생님 입술이

나팔꽃처럼 붉게 피는 아침
노래 부르던 아이들 눈동자가 모두
교문 쪽으로 돌아간다
나팔꽃이 박태기나무 꼭대기에 올라
역전 쪽을 바라보고 있다

아버지 뒤란

달빛이 홑이불처럼 내려앉은 장독대
제일 큰 질항아리 위 정화수 그릇에
어머님 소원 고봉으로 담겨있다
울 밑 터줏대감 자릿돌
고사 떡 시루만 기다리고, 기다리던 뒤란

흑백사진 속 아이들 철없는 웃음이
다닥다닥 익어가던 앵두나무
그 밑동마다
할머니 발자국 따라 저세상으로 가신
어머니 목소리가 파릇파릇
돌나물, 민들레로 솟아오른다.

오늘도 뒤란에서 펌프질하시는 어머니
나팔꽃 덩굴은
탱자나무 울타리 겹쳐 감아올리고
빨랫줄 위 빛바랜 속옷 한 벌과 양말
가출한 바람 찾으며 해종일 나불댄다

바지랑대 인사받던 큰 누님 닮은 호박
슬레이트 지붕에 앉아 엉덩이 지지는 하오

나 어릴 적 뒷산에서 이사 온 돌배나무
집주인 되어
아버지의 뒤란 내려다보고 있다

백목련과 수제비

갈곡리
외가에 가는 길
지친 하루가
노고산 그늘에 쓸려가는 저물녘
흙 묻은 저고리에서
풋마늘 냄새나는
뱃가죽 등에 달라붙은 외할머니
마당 어귀 목련 나뭇가지마다
하얀 장갑 끼고 있는 뒤란 우물가에서
양철 화덕에 불 지피신다

'오늘이 네 애비 생일이란다'
부지깽이로 아버지 얼굴 검게 그려보는
내 곁에서
가랑잎 한 줌에 고단함도 함께 담아
굴참나무 장작 밀어 넣는 외할머니

찌그러진 양은솥뚜껑 젖히고

물 설설 끓는 당신 마음속에
세상에서
가장 순한 손으로 뚝뚝 떼어 넣는
밀수제비 한 점, 한 점

저녁 식탁

퇴근길 현관문을 여니,
아내의 앞치마가 백합처럼 환하다
주방에서 압력밥솥 치카치카
알뚝배기 된장찌개 끓는 소리
코끝을 돌아 거실 가득 퍼져나간다

군에 간 아들
식탁 의자가 비어있다
나는 상추를 펼쳐 밥 한 숟갈을 올린다
아내의 쓸쓸한 눈빛과 내 마음까지
함께 얹어 입에 밀어 넣는다
아내도 그녀의 허전한 하루를
호박잎에 싸서 달래고 있다

순간,
전화벨 소리가 적막을 뚫고 나온다
아내가 용수철처럼 튀어 나간다
막둥이가 전화선을 타고 왔다

엄마, 아빠 건강하시냐고
집처럼 맘 편하게 근무하고 있다고…
나도 아내의 귀를 돌아온
아들 음성을 듬뿍 싸서 먹는다

잠시 후,
적막이 식탁에 다시 내려와 앉는다

화전동* 529번지

그 옛날 꽃밭 즐비했던 교외 마을
녹슨 육교 아래 상호도 없는 가게
재활용품 모여 있다
서울로 가고 싶은 것들
이마 긁힌 캐비닛, 목 빠진 선풍기
문짝 떨어진 채, 속이 타버린 소형 냉장고
아랫도리 다 드러낸 싱크대…
어젯밤 내린 비에 발밑이 축축하다

바람만 이따금 오가는
종일 손님 하나 없는 구멍가게
그 건너 정류장에 노인 두 분
늦봄 햇살 아래 마냥 앉아 계신다
언제나 그 옷차림 빛바랜 중절모자
긴 의자에 올라앉은 낡은 지팡이
어쩌다 눈만 돌려
서울행 직행버스 말없이 바라본다
흙빛 먼지, 배기가스 폴폴 날리는 길가

애기똥풀꽃 웃음소리만 버스에 실려 가고 있다

*경기도 고양시 덕양구에 위치함. 그린벨트, 군사 보호지역으로 묶여있다.

몽당비누

어둑한 원룸 화장실
세면대 위 사뿐 올라앉은
알뜨랑비누 쪼가리
갓 태어난
쌀강아지 혀처럼 앙증맞다

내 손 닿으면
매끄러운 혀 내밀어
때를 얼른 닦아준다
마음에 낀 미세먼지까지
말끔하게 씻어준다
오늘도 제 살점 뭉개어
내 허물 벗겨주는
순비기꽃 향기 품은
2그램짜리 매끄러운 몸

내 손이 닿자마자
이태리타월에 스며 사라졌다

폭설 열차

호수공원은 꽁꽁 얼고
신도시는 먹구름에 갇혔다.

소설 절기에 맞춰 소나기눈 내린다. 바람을 밀며 다니는 눈발은 주엽동 백수건달 걸음으로 다가온다. 밤가시마을 술주정뱅이는 집 앞 전봇대를 끌어안고 있다. 무릎 아픈 탄현마을 홀트 직원은 절룩거리며 오고, 후곡마을 코사마트 주인은 육교에 오르다 미끄러진다. 나는 정발산 평심루에 올라 폭설 열차를 따라 임진강역 쪽으로 달린다. 창밖엔 뼈만 남은 너도밤나무, 물오리나무가 바람을 밀어내며 내 옆을 스쳐 간다. 늘씬한 전나무는 눈발에 젖은 머리를 털고 서 있다. 눈 속을 달리는 열차는 세찬 바람을 타고 가속으로 기적을 울린다. 나무 어깨에서 뛰어내리는 눈발, 하늘에 빼곡하게 들어찬 먹구름 행렬. 나는 잠시 눈을 감는다. 눈이 멈추고, 열차가 짐을 푸는 문산역 플랫폼.

열차는 나를 내려놓고 도라산역 쪽으로 갔다.
하늘이 대문을 열고, 오후 햇살을 마구 퍼붓는다.

달과 어머니

아파트 피뢰침 위에 앉아 있는
핼쑥한 상현달
날마다 불러오는 배를 안고
하늘 계단 오른다
아들 전화 한 통화에도
웃음이 보름달 같던 어머니
난소암 재발 후
침대가 그녀의 식탁이고 화장실이다
통증이 지네 발처럼
온 사방으로 뻗어 나가는 배
형광등 하나 켜 놓은 병실에서
나는 무릎 꿇고
복수 차오르는 달을 밤새도록 쓰다듬는다

심야 강변북로, 경적 앞세운
구급차가
시간을 압축하며 어둠을 가른다
팔목에 야윈 가슴에

면발처럼 수액을 달고 있는 어머니
팥죽빛 오줌이
투명주머니의 눈금을 읽는다
나무젓가락처럼 마른 손가락
장작처럼 굳어지는 허벅지
반쯤 막힌 목구멍으로 삼키는 하얀 신음
창틈으로 들어오는 달빛이
복수처럼 흥건하다
반달이 만월에 가까워질수록
온기 없는 침대 위에
고요만 한 장씩 내려앉는다

말복, 공양

가평 오일장, 오늘은 말복
대추, 수박장수, 닭, 인삼, 황기장수
일찌감치 자리를 편다

춘자미용실
샤기컷, 울프컷 아가씨
문밖으로 궁금한 목을 빼고 째작째작
껌 씹는 소리
삼거리전파사 중고 스피커
콩나물 음표 좌판에 쏟아내며
쿵쾅쿵쾅 김씨 손수레
만삭의 수박 가득 실었다
토종 닭집 아줌마
볏이 올라오기도 전 숨을 거둔 영계
알몸 가득 담은 고무 함지에
계속 물을 뿌린다
김 풀풀 내뿜는 원조 닭요리 집에
북적이는 발자국

부엌에서 밤, 대추, 인삼 가득 넣은
삼계탕이 줄지어 나오고
옛 주인에게 눈빛 주고
맨드라미처럼 붉은 볏 세우고 싶었던
약병아리들
함께 모여 온몸 곱게 면도하고, 목욕하고
가마솥에 들어가 발 오므리고
순교자처럼 누워 있다

바람도 잠든 시장통 뒤켠
뜨끈한 뚝배기마다 꼬끼오 꼬끼오
복날 울음이 설설 끓는다

희망연립, 맨홀

바쁜 출근길
무심코 맨홀을 밟으니, 꿈틀
입을 벌린다
강쇠바람 부는 새벽
언젠가 녀석에게 발목을 물린 적 있다

녹양동 연립주택 여기저기에서
매일 근심이 새어 나온다
녹슨 맨홀은 속이 많이 상했나 보다
늘 어둠을 먹고 사는
그가 기르는 자식은
바퀴벌레, 시궁쥐, 적막이다
샛강에 닿아야 부려지는 저 어둠은
마을 근심 다 받아먹고 몸집만 불렸다
가끔 입을 반쯤 열고
지나가는 사람 다리를 덜컹 잡아끄는 맨홀

그런 날이면

바람까지도 어둠 속을 들여다보며,
가슴을 친다
지난주부터 또
맨홀이 속을 드러내고 허공을 보고 있다

안개 터널

사월도 하순인데
강변 6번 국도에 하늘이 뚫렸다
안개 터널로 들어온 진눈깨비가
완속으로 달리는 차선을 자꾸 지운다
머리, 어깨에 눈꽃 만개한 낙엽송
몸을 흔들어 떡눈을 털어낸다
낡은 와이퍼가 무표정으로
삐걱삐걱 차창의 눈을 쓸어내린다
FM 라디오 발라드 음악이
한강 안개에 젖은
내 귀를 축축하게 적신다
자동차들이 서로 눈치를 보며
주춤주춤 경사로를 기어오른다
이파리 다 떨어진 관목들이
잠시 고개를 내밀더니
다시 안개에 묻힌다
전조등이 일제히 양평 쪽으로 향한다
〈

터널을 빠져나오자
더 깊은
안개 터널이 입을 크게 벌리고 다가온다

냉이의 변신

　입춘의 꽁무니를 잡은 애기냉이, 못처럼 뽑혀 아내의 소쿠리를 채운다.

　겨울 숙취 아직 덜 깬 봄이 먹감나무 정강이 아래 쪼그려 앉아 냉이를 캔다. 늙으신 어머니 눈을 밝게 해야겠다고, 싸리냉이가 토장국에 온몸을 푼다. 탱자나무 울타리 아래 좁쌀냉이들이 모여 춘곤증을 오물오물 씹고 있다. 고뿔 걸린 아버지 입맛 돋우기 위해 다닥냉이가 씀바귀와 손잡고 온다.

　홈플러스 진열대에서 서양말냉이 처음 본 두메냉이, 순간 변신을 꿈꾼다. 이제부턴 시골집 냉잇국, 무침에나 머물지 않겠다고. 백화점에 얼굴 한번 내밀어야겠다고. 나도냉이, 벌깨냉이, 구슬갓냉이, 미나리냉이. 뿌리 잔털을 뽀얗게 다듬고는 파릇한 잎사귀 쫑긋쫑긋 세우며 봄볕을 촘촘하게 조제해 넣는다. 새처럼 하늘로 날고 싶은 황새냉이, 두루미냉이. 냇가에서 종일 날갯짓에 바쁘다.

〈

　변산바람꽃 유혹에 빠졌던 대부도냉이 가느다란 다리에 초록양산 팽글팽글 돌리며 서울행 봉고차에 오른다. 무지개를 주머니마다 채우고 변신 꿈꾸는 냉이 향이 코끝에서 맴돈다.

버드나무 집성촌

자유로 길머리 장항습지
버드나무 섬의 일가.

먼길 굽이굽이 돌아와 허기진 강. 숲에 닿자 목소리를 낮춘다. 그늘 거느린 숲은 강의 허리를 쓰다듬고, 다리를 주무른다. 물결을 잘게 일군 햇빛이 한 다발씩 버드나무 아래 배를 깔고 눕는다. 머리 곱게 빗어 내린 버들 숲은 원앙 쇠오리 가마우지의 안방. 바람이 잠들자 숲은 어머니가 되어 고요를 물 위에 낳는다. 적막 속에 발을 담근 능수 호랑 수양버들. 진흙 고랑에서 집게발 연신 입에 넣는 말똥게와 시선을 연결한다. 펄콩게가 빚어놓은 진흙 경단이 새참의 맛을 돋운다. 피라미 한 마리 입에 문 청다리도요, 초소 곁 철조망에 올라앉아 새참을 때운다.

한사리가 훌쩍 빠져나간 강가, 질척한 갈대숲을 배경으로 일가를 이룬 버드나무 집성촌에서 다시 난전이 펼쳐지고 있다.

2부

마다가스카르 바오밥나무

가출한 입술

    단비가 분수처럼 내리는 아침, 오픈카 한 대
    오월을 가득 싣고, 1번 국도를 달린다.

    산들바람이 봄의 갸름한 목을 씻는다. 햇살이 차창 밖 아침 풍경에 참침 시침을 연속 꽂는다. 혈자리마다 초록 눈을 뜨는 수양버들, 휘파람에 솜털을 실어 하늘 향해 후후 분다. 솜털이 바람의 어깨를 밟고 뛰어다니다가 산모롱이 명자네 인삼밭에 내려앉는다. 우정빌라 옥상에 모여 앉아 울음을 뿌리던 굴뚝새 떼, 개울 건너 벽제 화장터 쪽으로 급히 날아간다. 목 칼칼한 바람이 마스크를 쓴다. 몇 마리 새는 벽돌공장 쪽으로 날다가 다시 하늘로 솟아오른다. 어미 닭 쫓는 병아리를 발견한 도둑고양이 눈의 광도를 높인다. 역전 슬레이트집 몇 채가 둘러앉아 소음 묻은 빨래를 말리는 오후.

    가출한 빨간 입술 민자, 경순이, 미희, 춘심이
    경의선 철길에 앉아 오월 볕살을 홀랑홀랑 까고 있다.

장례 만찬

내설악의 가을이 귀때기청봉을 넘어
양양 벌에 닿으면 강은
한가위 전날 어머니처럼 가슴이 뛴다
고향을 떠나 캄차카를 배경으로
베링해의 물밭 일구던 연어 떼
일만km 거친 바닷길 달려온다.
바다표범 모여 사는 구릴열도 지나
소야해협 원양 선단을 빙 돌아
기억의 촘촘한 회로를 한 가닥씩 풀어내는
연어의 발길이 숨 가쁘다
동해의 한류를 헤치며 청진항 불빛 파도를 넘어
낙산해변 벼랑에 다다른 연어
모천의 숨소리를 듣는다
설악에 탯줄을 묻은 남대천
늦여름부터 산모 받아드릴 채비에 설렌다
입덧 가득한 산란기의 어미 연어
물살의 갈피를 돌돌 말아, 집 한 채씩 짓는다
혼인색 눈부신 수컷의 격렬한 공방전

산통을 어루만지며 붉은 알 쏟는 어미
　강물은 산파가 되어 기진맥진한 연어의 배를 눌러준다
　지느러미 팽팽한 아비 마지막 체액 몇 방울이 뜨겁다
　숨이 멎는 연어의 홀쭉한 배가 여기저기서
　물길을 뒤집는다
　갈매기 흰비오리에게 온몸 보시하는 연어
　조문객이 된 새우 동자개 참게에게도
　살점을 떼어준다
　집단 장례 만찬을 끝낸 영혼의 행렬
　안개비를 앞세우고, 종일 만장이 펄럭이는 바다로 간다
　강물의 울음이 둑을 타고 넘는다
　생명을 받아먹은 남대천
　다시 무수한 생명을 낳을 것이다

아프다, 아프리카

하늘 덮는 사하라 먼지, 물새 떠난 빅토리아폭포

킬리만자로 흰 모자 벗는다 동아프리카 갈라진다 청나일강 목이 탄다
대물림이다, 평생 가난
창궐한다, 에이즈
종교끼리 피 흘린다 이데올로기로 내전이다 독재가 독재 몰아낸다 굶주림이 밥이다 진흙에 마가린 넣은 흙과자가 간식이다 병원은 걸어서 백 리 밖에라도 있으면 다행이다

아프다, 검은 아프리카 지중해에 뜬 시신들

마다가스카르 바오밥나무

 밤마다 강둑에 앉아 호수의 잔별을 건져내는 마다가스카르의 바오밥. 너의 국적은 어린 왕자의 별 B-612였지. 네가 번성하면 나라가 멸망한다고, 네가 머리를 내미는 족족 쇠못처럼 뽑혀나갔지.

 인도양 마다가스카르 해변에 만년 양산 펼쳐 그늘 드리우는 큰 나무. 카멜레온 여우원숭이가 기어오르면 몸 열어 그들의 집이 되고, 영혼의 묘소가 되기도 했지. 평생 진맥 한번 받아보지 못하고 원주민의 주린 배를 채워주는 아프리카의 성자. 스콜이 퍼붓는 한낮, 달콤한 과육을 빚어 섬의 갈증을 풀어주던

 내게도 바오밥이 있지. 땡볕 등에 지고 평생 내게 그늘이 되어주신 아버지. 다랑논에 물 채우듯 늘 내 목을 축여주셨지. 나는 그 무릎을 딛고 쑥쑥 자라났지. 한번도 당신의 바오밥이 되지 못한 객지 아들의 아침 식탁에 따뜻한 바오밥 한 그릇 손전화로 보내주시네. 어머니께 어서 가고 싶으신 홀아버지.

통조림 뉴욕에 가다

 황도 12궁 따라 돌던 태양이 양자리쯤에 닿는 춘분이 벌써 진지 구축했다고, 사월은 손난로 트럭에 싣고 달려와 아야진포구 일대에 노점 펼친다. 낮은 포복으로 울산바위 오르던 맵찬 바람이 주머니에 숨겨둔 부비트랩의 스위치를 누른다.

 당황한 봄은 순간 납죽 엎드리고, 하늘은 중청봉에 진눈깨비를 한 겹씩 쏟는다. 대낮에도 꽃샘은 포구 일대를 쏘다니고는 마을 고샅길 아래 머리를 일찍 내미는 초봄의 새순들을 얼리고, 잠에서 먼저 깬 참개구리 눈망울을 궁굴리게 한다.

 며칠 후, 남녘 따순 봄이 동해대로를 달려와 양양 들판의 뚜껑을 열자, 봄비 봄샘 봄동 봄꽃 봄병아리 봄미나리 봄아지랑이가 함께 촛불을 켜고는

 마을마다 뛰어다니며 춤추고 미끄럼타고, 벼랑 위에서 엉덩이도 찌며 장기자랑 하는 하오. 동안거

에서 깬 대청봉이 팔 내밀어 구겨진 하늘을 팽팽히 잡아당기고는 캔버스에 새봄을 풀어 경작지를 넓히고 있다.

  오월이 오기 전에 저 봄 풍경 죄다 압축하여 통조림 만들고 싶다. 깡통마다 최신 봄 상표 붙여 몽땅 대형 컨테이너선에 싣고, 태평양 건너 뉴욕 타임스퀘어 광장에 실어다가 아시아의 봄, 특별 전시회 열어볼까나.

고집, 인해전술

영동고속도로 월곶나들목, 담쟁이가 일제히 유격훈련처럼 방음벽 기어오른다. 너풀너풀 잎사귀도, 일등병 피부처럼 꺼칠한 줄기도 알루미늄판에 온몸을 밀착하고 뜨겁게 고지를 향해 손을 뻗는다. 아스팔트는 산으로 바다로 씽씽 속도를 싣고 달리지만, 일제히 스크럼을 짜고, 최대한 속도를 낮춰 손톱으로 투명 벽을 타는 담쟁이 군단. 매연을 헤치며 경적 들이마시며, 연신 포복 진격 중이다.

프라이팬처럼 달궈지는 플라스틱 절벽, 언제 다 덮을거나. 어쩌다 지나는 비둘기 울음으로 허기 달래는 담쟁이, 오늘은 여우비 한 자락에도 생기가 돈다. 빗줄기는 늘 땅으로 향하지만, 중력을 거부하고야 마는 저 고집쟁이. 바람 실은 트럭이 몰려오자, 벽에 밀착하여 몸을 더욱 낮춘다. 땡볕을 지고 허공을 향해 포복하는 특수부대원들. 소음도 넘지 못하는 수직 장벽을 중공군처럼 인해전술로 넘고 있다.

하늘 전화

전화선을 타고 오는 어머니 목소리처럼
가을비가 내린다
아침 창가에서 고향에 홀로 계신 아버지와
통화하고, 한낮
사무실에서 불알친구 입원 소식을 듣고
내복 잘 받았다는 연천 이모의
손전화를 받고는
순간, 어머니의 전화번호를 누른다
그러나 신호 없는 전화
가슴 속에만 몇 줄 남겨진
재작년 겨울 함박눈 내리던 날
꽃상여를 타신 당신의 나지막한 음성

오늘도
내게 하늘 전화로
'춘기야, 잘 있느냐? 배곯지 말고 살아야 한다.'
소리 없는 목소리가 가슴에 빗금을 긋는다

종점

서산마루에 걸터앉은 하늘이
대포 한 잔에 취기가 돌쯤
늦가을 어스름 몇 점 싣고 온
법원리 종점 33번 시외버스
천천히 시동을 끈다

보건지소 다녀오는 마지막 승객
중노인이 내리고
어둠이 전신주의 허리를 감으면
나른한 하루도 터벅터벅
귀가를 서두른다

젊은 시절 면 소재지 처녀와
수수 밭머리에서 청춘을 피웠던 박씨
장성광업소 광부 20년 이력, 지금은
교하신도시 지하 맨홀을 드나든다

아내도 가고, 한 줌 꿈마저

도시 외곽을 떠도는 밤
중고 티브이 혼자 춤을 춘다
그믐 달빛 몇 줄기에 젖은
양철 지붕 사글셋방
버스를 따라온 초겨울 바람이
비닐 덧댄 창문을 밤새도록 흔들고 있다

도봉산, 주식시장 열다

 왁자지껄 배낭들이 바람의 그림자를 쫓아 봉우리 쪽으로 지름길을 낸다.

 마루턱부터 개점 중인 도봉산증권, 전철역 계단에 무가지처럼 쌓이는 목소리에 객장이 후끈하다. 시세를 클릭하며 그래프를 끌어 올리는 포대능선, 실시간 강세에 맞춰 테마주의 주춤하던 일봉이 하늘을 찌른다. 우직하게 상한가를 고수하는 만장봉, 텔레비전 애널리스트도 연일 활황의 마개를 딴다.

 산초 열매 몇 알로 배를 채운 송추계곡 유리딱새. 부리로 키보드를 두드릴 때마다 쥐똥나무도 몇 알 차익을 남긴다. 알밤 도토리 날래게 주워 모으는 날다람쥐 깜장 눈알이 코스피 곡선 위에서 구른다.

 투우사의 망토 빛깔로 가을을 직조하는 산
 망월사 곁 입 닫은 적송, 힘껏 된새바람의 가슴팍을 민다. 머지않아 서리가 내리고 골짜기마다 낙엽이 우북이 쌓일 거라는 해외파 경제학자의 말이 귓

불을 스친다. 풍문이 잠시 들렀다가 나간다. 누군가 은밀히 주가를 조작 중이라고. 그리하여 빈 깡통들이 오일장 길냥이처럼 몰려다닐지도 모른다고.

 풍문은 풍문일 뿐이라며, 여의도 금융가 대세가 계속 상승 중이라며 지름길 계곡 쪽으로 사람들을 민다. 전광판도 밝기를 날마다 높인다. 다락능선 장골의 굴참나무, 회룡폭포 위 너럭바위가 서로 불길을 잡아당긴다. 강남 큰손들만 거금 챙겨 떠난다고 화염의 꼬리를 붙든 강북 개미 떼, 마음이 급하다. 삼양시장 노점의 몸뻬들도 색바랜 통장을 들고 산에 오르겠다며, 어둑새벽의 끈을 조인다.

 ((심야, 경제뉴스 한 토막이 먹이를 쫓는 실뱀처럼 화면 아래 줄을 그으며 지나간다. 공적자본이 긴급 회동 중이라고, 이젠 중부에서 발을 빼 반도의 남부를 선점해야 한다고…))

 마음 들뜬 당단풍나무 사이로 종종걸음 남실바람이 가쁘게 산비알을 오른다. 하늘의 뒤꿈치를 붙들고 있는 만장봉, 울긋불긋 산자락을 받치고 있는 초겨울 골짜기가 갈수록 벼랑처럼 아득해진다.

죽변, 아침 바다

바다가 출산 중이다
어둠의 주름을 열며 에밀레종처럼 머리를 내미는 해
붉은 양수가 비릿하다
탯줄을 끊고도 바다는 계속 괄약근을 조이고 푼다
물의 부드러운 근육을 겹겹 쌓아 올린 산맥이
바람을 앞세우며, 달려온다
파도가 자세를 낮추자
늙은 선장 심장박동이 빨라진다
어부의 투박한 손이 일제히 그물코에서
게의 마디진 다리를 풀어낸다
붉은 해도 함께 줄줄이 건져 올린다
만선 깃발이 오르자, 바다는 다시 숨이 가쁘다

해조음 가득 싣고 온 배들이
항구에 짐을 푼다, 스티로폼 상자가 집처럼 쌓인다
붉은 갑옷에 튼실한 집게다리 추켜올리는 게들의 몸짓
그 광경을 서로 응시하는 깨알 눈빛

태양을 숭배하는 울진 대게
다리의 마디마디 힘을 압축한 집게로
허공의 엄지 끝을 물고 있다
경매사 음성이 한 옥타브씩 계단을 오른다
대게를 담은 노란 컨테이너들이 차곡차곡
트럭에 실린다
제 몸을 공양하기 위해 손 모아 기도하는 울진 대게
바다는 하늘을 몇만 평씩 하역하여 다시 물밭을
경작한다
파도의 등성이마다 물꽃이 만개하는 해역
물밭 깊은 골짜기마다 어부의 심장소리가 묻혀있다

밥 이야기

고요마저 출가한 외양간, 황소 울음도 지워진 빈 것만 가득한 집. 주말 대청에서 아버지와 겸상 차렸습니다. 상추에 풋고추에 누이동생이 끓여놓고 간 아욱국에 내 마음 가득 말았습니다. 봉당에서 꼬리치는 흰둥이와 시선 주고받습니다.

밥 한술 뜨는 순간, 안마당 나팔꽃 사이로 어머니가 보입니다. 개울 건너 감자밭에서 돌아와 저녁밥 뜸 드는 사이 달빛에서 손톱을 깎아 주시네요. 나는 코를 벌름거리며 침 삼키고요.

쌀밥 콩밥 팥밥 차조밥 수수밥 기장밥, 가끔은 참기름 고소한 김치볶음밥, 생일날 미역국, 대보름날 윤기 흐르는 오곡밥을 그리면서 식구들은 무릎 맞대고 하루 두어 끼 보리밥이거나 밀수제비였지요.

당신은 내게 섣달에도 몸이 덥다고 무 메밀 연근 돼지고기를 많이 먹어야 한다며 오붓하게 상을 차

려주고 싶다고, 손발 찬 누이동생에게는 밤 대추 호두 닭고기에 매실을 먹이고 싶다고 하셨죠.

어느 날인가는 꿈속에서 누이동생을 어느 부잣집에서 수양딸로 데려갔다며, 그렇게 우셨고요. '달포에 한 번이라도 이밥에 고깃국 한 사발씩이면, 너희들이 미루나무처럼 클 텐데…' 노래를 하셨지요, 어머니

압력솥 콧바람 치카치카, 거실 가득합니다. 도마질하는 아내의 앞치마가 환합니다. 이야기 가득한 대청마루, 온 가족 숟가락 부딪히던 때 보름달 같은 어머니 얼굴이 보입니다.

쓴맛에 관한 고찰

　초등학교 시절 학교에 가기 싫어 꾀병하다가 어머니 회초리에 쓴맛이라는 것을 처음 알았지.

　어느 날인가, 탱크 훈련 중인 미군 병사가 시레이션을 하굣길에 던졌지. 내가 먼저 주워 하필 커피를 입에 털어 넣는 순간, 혀까지 죄다 내뱉었지. 초등학교 때 유사 장티푸스로 사경일 때, 어머니가 코를 막고 가루약을 입에 털어 넣으시면, 온몸이 정말 가루약이 되는 줄 알았고.

　중학교 입시에 낙방했을 땐, 그냥 밍밍했지. 고등학교 시험에서 미끄럼 탔을 적엔 씁쓸했었고. 사대 졸업하고 선생 휴직 후, 입대해 논산훈련소에서 박격포탄 기합 못 받겠다고 버티다가 인간 샌드백이 되었을 때, 바로 쓴맛의 진수를 터득했지.

　아들내미 여자친구 인사를 처음 받았을 때처럼 달콤함이 어쩌다 스치기도 하지만, 삶이란 늘 쓴맛을 견디는 일의 연속이지. 콜롬비아산 원두커피를 몇 잔씩 마시면서도 고소하다고 말하지. 과육 달콤한 커피 열매에서도 하필 씨앗에서 추출한 쓰디쓴 맛의 결정체를 우리는 찾지, 블랙 블랙커피 하면서.

 쓴맛을 쓴맛이 아니라며
 달콤함의 원조도 쓴맛이라는 것을 지천명을 넘어서 깨닫네.

대설, 캐시밀론 공장

늦은 아침 출근길

밤새 쌓인 눈이 가루비누 거품처럼 풀리는 거리. 아침 안개가 온기 실은 바람을 불러 폐업 직전 칼국숫집 간판을 감싸고, 버스터미널 진입로 녹슨 맨홀 뚜껑을 씻어내고, 전봇대에 붙은 구직광고 스티커를 말끔히 제거하네

비상등을 켠 자동차들은 잠시 멈춰 그 광경을 차창 안으로 끌어당기며 교대로 광화문교차로를 빠져나가지.

설악산 대청봉 폭설 소식이 교보빌딩 위 전광판에서 붉은빛 두 칸짜리 기차가 되어 터널 속으로 진입하네

정오가 되기 전 대청소를 끝낸 도시 하늘은 유리창처럼 투명해지겠지만, 밤이 되면 하늘은 장막을 치고 또, 구름과 함께 야간작업하겠지

〈

  새로 개업한 신발가게 지붕에도, 유치원 미끄럼틀 위에도, 빌딩 뒤켠 바람광장에 누운 노숙인 낡은 천막에도 솜옷을 입히기 위해 하늘로 가신 우리 어머니 아버지가 밤새도록 하늘 위에다 캐시밀론 공장을 차리겠지.

여름 하오, 남춘천역

도심의 등을 닦아주던 소나기가
철길을 가로질러
가평 쪽으로 달려갔다.
남춘천역을 급히 빠져나온 숙녀들
핸드백 지퍼가 열리고
삼단양산이 모두 얼굴을 내밀며
오륜 빛깔 꽃을 하나씩 피운다.
문학공원 느티나무는
팔을 최대한 벌려
다시 그늘을 만들고
건달들을 불러내어 내기바둑을 둔다.

느티나무 우듬지에서
유튜브 보던 바람이 얼른 뛰어내려
시청 환경미화원 목과 이마의
땀방울을 말끔히 씻어준다.
교대행 마을버스에서 내린
여학생들 하이힐이

미니 태양을 달고, 맥도널드 가게로
미용실로 뛰어가는 하오.
명동거리에서 가장 높은 교회 첨탑이
금빛 십자가로
비둘기 날아오르는 여름 하늘에
똥침을 놓고 있다.

서울 황조롱이

1.
비정규직 가슴 속에 안개비가 내리는 밤
여의도길 전주 한켠 둥지 튼 황조롱이
옥탑방 살림살이가 긴병처럼 힘에 겹다

2.
산 능선 너럭바위에 건들바람 불러 모아
풋풋한 날개 저어 억새 탈춤에 신명나면
제일 큰 나무에 올라 흐벅진 몸 곧추세우던 너

3.
오늘은 밤섬에서 찢긴 비닐 비집고는
마포대교 어깨에 앉아 깃털 훌훌 털어내고
북악산 여름 숲으로 건듯 날아오르는구나

4.
순환선 철길 위를 에도는 내 발자국
휴대폰에 떠오르는 눈빛 모두 잠재우고
물소리 푸른 강가에서 시계 풀고 살고 싶다

못

누구나
가슴 깊이
못 하나쯤 박혀 있지
나이테가 감길수록 더욱 깊이 박히는 못
떠나간 사람들에게
박은, 못
못 빼준
그, 못

양주에 내리는 눈

양주의 눈발은 날 잡아 내린다
전철역 귀퉁이
구두수선집 점박이 최씨, 활짝 웃는 날이거나
가래비 오일장터 햇살 아래
사람들 발자국소리 붐비는 날이거나
우리 집 뒤란 목련이 봄맞이하느라
가지 쭉 펴는 날 내린다

양주의 눈발은 따뜻하게 내린다
면사무소 앞 양버즘나무 길
산책하는 사람들에게나
점마을 친구 부모님
안방 아랫목에서 무릎 맞대고
군고구마 입에 넣어주는 밤이거나
현암초등학교 일학년 가온이
백 점 맞은 시험지 흔들며
할머니께 뛰어가는
오후의 마당 어귀를 환히 비추며 내린다

〈

양주의 눈발은 기분에 맞춰 내린다
어머니 퇴원하신 날 밤엔 함박눈이 내린다
내가 실의에 빠진 날은 '힘내야지, 힘내야지' 하며
눈물도 섞어 진눈깨비가 내린다
마음의 병이 깊어 갈피 잡지 못하는 날엔
함박눈, 진눈깨비, 싸락눈에
찬비까지 섞여내려
진종일 온 가슴을 질척거리게 만든다

삼현三峴* 아라리

큰 고개가 셋이라 세우개마을, 산 겹겹 장막을 친 곳.

승냥이를 키우던 노고산 곁 국사봉 위 신갈나무 너도밤나무 봄날 꿀비에 온몸을 씻으면 앞 개울은 구불구불 몸을 휘저으며 임진강으로 달렸지. 모내기 전날 마을 앞 큰 논배미엔 누렁소 풍경소리가 쟁기날에 미끄러지며, 황새들을 불렀지. 새참 지나 써레질한 논엔 소금쟁이 물맴이 식구들 죄다 나와 물수제비떴고. 아버지 어머니는 말거머리 참거머리에게 종아리로 헌혈하시던 곳.

새봄 실은 바람이 햇볕과 손잡고 비암천 따라 올라오면 마을 앞 둠벙에선 개구리 맹꽁이 두꺼비들이 장가 좀 가보겠다고 목에 피가 나도록 울었지. 나는 빡빡머리들과 손잡고, 찔레 뻴기를 찾아 논두렁 밭두렁 넘고. 배 헛헛한 날이면 부모님 따라간 수작골 논에서 참개구리 떡먹지 잡아다가 화롯불에 구워 먹었지. 일요일엔 앞 개울에서 찰방거리며 물길 돌려내고, 세숫대야로 흙탕물 모두 퍼내 올망졸망 배 뒤집는 버들치 갈겨니 가재 검정 고무신에 담아오던 내 고향.

 된더위에 호박엿처럼 늘어진 하굣길, 미루나무 밑에 숨어 멱감는 상옥이 정자 경분이 희순이 송이 알몸 훔쳐보고는, 가마소 북바위 시냇가에서 불볕 씻어내며 종일 개구리헤엄 물장구쳤지. 꼬마대장 승렬이 형과 조무래기들 승훈이 수기 남수 재철이 태묵이 재관이와 왁새골 산골짜기 오르내리며, 새매 때까치 둥지에 올라 알 죄다 꺼냈지. 어미 새 슬픈 울음은 내 머리 위를 빙빙 돌았고, 화난 머루 다래 넝쿨이 내 발목 당겨 칭칭 동여매었지.

 제비가 강남으로 돌아가기 전부터 나는 겨울방학만 기다렸지. 북풍이 소나기눈을 밀며 은골고개 넘어오면, 볼 빨간 얼굴로 토끼 발자국을 따라다녔지. 방앗간 앞 논에선 외발 썰매 씽씽 100m 경주하고, 모닥불에 나일론 양말 태우던 곳. 마을 앞 수렁 논 헤쳐 미꾸라지 잡고는 어머니가 밥 먹으라고 부르는 소리는 듣는 둥 마는 둥, 구슬치기 자치기 딱지치기 제기차기 십자 가이상 굴렁쇠 굴리기로 개구쟁이 올림픽을 매일 열던 천국.

눈뜨고 있어도 떠오르는 파노라마 영상, 어머니 젖가슴처럼 그립다.

*경기도 양주시 광적면 우고리, 세우개라고도 함. 시인의 고향이다

김영옥 시인 편

1부

새들의 품질보증서

감정을 리셋하다

단톡방 댓글 한 마디
송곳으로 파고든다

쏟아부은 열정이
통증으로 되돌아올 때
앞뒤 생략하고
감정의 리셋 버튼을 먼저
누른다는 그녀

속마음 활짝 열며
가까이 다가간다는 건
쉽게 상처받을 수도 있다는 것
잠시 소통을 줄이며
넘치는 인맥의 군살을 뺀다

꾹꾹 눌러 쪽 짜낸
튜브 치약처럼, 가끔은
감정을 정리한다

삶의 사칙연산

지금 우리 숨 쉬는 순간마다
더 높이 쌓아야 할
감사의 기도와 사랑의 노래

곱빼기로 입에 달고 살아야 할
격려의 말, 칭찬의 말, 축복의 말
자신감 백 배 키워주는 말

솎아내야 할 감정의 찌꺼기들
불평불만, 원망과 짜증의 씨앗들
시기와 질투, 오만과 편견, 불신과 오해,
가식과 위선…

불모지에도 꽃을 피울
함께 나누어야 할 미덕의 보석들
배려와 존중, 이해와 양보, 관용과 화합
봉사와 헌신의 수고들
〈

넘치는 감사로 기쁨은 커지고
겸손하게 씻어내는 마음은 맑아지고
약이 되는 귀한 말로 생명을 살리고
나누면 나눌수록 많아지는 파랑새

넉넉하고 조화롭게
더하고 빼고 곱하고 나누는 우리 모두
참 행복하겠다

제로섬의 법칙

현관 출입구
얼마쯤 빠져나가던 허전한 발길 돌려
집으로 돌아오기 일쑤다

주방 싱크대 주변 식탁 위
화장실 화장대에 두고 나온 스마트폰
만능 수행 비서
너 없이는 하루도 못 견딘다

기억의 뇌세포가 일시 할 일을 멈췄나
오늘 또, 인덕션 전원은 내렸는지
아파트를 빠져나가던 차
다시 돌려 확인한다

중학교 동창회 날
나도 나도 그렇다고
하나같이 입을 모으는 친구들
나이와 기억은 제로섬의 법칙이라고

깔깔대며 웃는다

시내병원 신경정신과 예약을 취소한다

당근마켓에 보내다

소유를 줄이고
주변을 정리해야 할 나이에
부질없이 소장했던
작은 방 회전의자 하나 당근마켓에 보냈다

한동안 무거운 짐을 지고
사막을 건너온 낙타처럼
마음 편히 쉬어 보지 못하고 빙글빙글
제 자리 돌기만 했던
의자 하나 들어낸 자리가
조그만 마당 같다

모든 짐 내려놓고
새 주인 찾아 날아간 회전의자
너를 보내고 넓어진 방, 몸도 마음도
한결 가벼워졌다
내일은 뭘 또 내보낼지 살림 뒤져봐야겠다

쓸모없는 걱정도 쓸 데가 있다

곶자왈 산책길
종가시나무 둥치에 길고양이 한 마리
웅크려 앉아
만사 귀찮은지 꼼짝 않고
마주치는 눈길 피하지 않는다

어디가 아픈 건지
며칠을 굶었는지 애처로운 눈빛
돌아오는 산책길 내내
눈에 밟힌다

내일은 아파트 마당에서
예전처럼 생기있게
숲속으로 도망치듯 달아나는
힘찬 너의 뒷모습을 보고 싶다

아무튼 이 걱정은 쓸모가 없었으면 좋겠다

윗세오름 까마귀

한라산 윗세오름
눈 덮인 구상나무 가지 위
까마귀 한 마리

머리부터 발끝까지
검은 차도르를 칭칭 두른
이집트 여인처럼
까만 꽁지깃 다소곳이 접어 내리고
어깨 잔뜩 웅크려 앉아 있다

제 흥에 겨워 부르던 노래
음표처럼 흩어진 허공 멀리
못 박혀 있는 시선, 굳게 다문 부리에서
무거운 침묵이 뚝뚝 떨어져 흐른다
까마귀 옆 빨간 마가목 열매조차
아무런 위로가 되지 못하는 지금
쉬이 자리를 박차고 날아오를 기세가 아니다
〈

허공에 꽉 차 있는 그 무엇이
발톱을 가지 위에 묶어 놓고
날아오르지 못하게 하고 있다
내가 모르는 사연, 또는 몰라도 상관없을
남의 말 하듯 함부로 까발릴 수 없는
마음의 통증 하나 없는 이 있으랴

제 몸뚱어리 하나 보다
훨씬 커다란 부피, 고통의 무게에 눌려
아무도 가르쳐 주지 않는
뒤엉킨 혼돈의 미로에서
더듬거릴 때 있지 누구든, 저 까마귀처럼
때로 먹먹하게 혼자일 때가 있지

제주 귀촌

1.

곶자왈 입구에서
발걸음 멈추게 하는 이웃집 반려견
말티즈 신상을 듣는다

   수의사 안락사 권장을 거부하고 작년 겨울 청정 제주에 데려와 좀 생기가 돈다는 나이 15살, 이름은 '엄지' 심장 폐색증, 백내장, 청력 장애, 이빨 다 빠진 엄지는 한눈에 봐도 할머니 뭉텅뭉텅 털이 빠져 속살이 드러난 몸 한여름에도 누비 조끼를 입고 휘청거린다 말티즈 평균 수명 18살 생명의 끝자락에 서성이는 엄지를 엄마는 늙은 자식 돌보듯 하고 있다

2.

우리 옆집 화가 따님, 5년 전

제주로 모셔 온 80대 중반 노부모님
오늘도 너른 텃밭 농사 한창이시다

경로당 트로트 명가수, 지역 축제 노래자랑 수상에 폐가구 주워다 손길만 거치면 뚝딱 다시 태어나는 가구들 경로당 주방 정리 일등 공신 가끔은 승용차에 회원들 싣고 꿀맛 식당 안내하는 큰 오라버니 '나이야 가라 나이야 가라' 어딜 보아 80대 중반이냐고 직접 만든 어성초 스킨 바른 이마에 주름이 어디 있느냐며 싱싱한 기억력, 탱탱한 종아리에 팔씨름 일등 왕언니랑 윗세오름 등반 성공으로 입 딱 벌어지게 했던 경로당 회장님 부부

만수무강 백세시대 유력한 후보이시다

최고의 선물

매주 토요일은
마라도 가파도를 눈에 담는
송악산 건강 걷기 하는 날

아침 아홉 시 섯알오름 주차장에 모여
준비운동 후 함께 걷기 시작한다
섯알오름 고사포 진지에 오르자
모슬포를 '못살포'로 만들었다는 황소바람이
송악산 입구에서부터 거세게
발걸음 가로막는다
바람막이 웃옷 깃발 펄럭이는 7학년 언니들
제 자리에서 한 걸음도 떼지 못한다
등산용 지팡이도 잠시 무용지물
바람의 언덕을 지나는 바람이 잠들 때까지
솔숲길 걷기로 출발지점 모두 도착
마음 맞추는 함께 걷기는
초콜릿의 달달한 맛이 되어
혀끝에서 온몸으로 퍼져 흐른다

〈
한 걸음 걸을 때마다 1초씩 늘어난다는 수명
칠천 보 남짓 걸었으니 2시간쯤은 족히
늘린 수명, 오늘 걷기 최고의 선물이다

남자가 여자를 사랑할 때

햇살 가득한 날

아침 산책 마치고 돌아오는 길

카메라 들고

뒤따라오던 남편

와, 당신 몸매 메릴린 먼로 같소

여보, 과장법이 심하시네요

아닌데, 그건 과장법이 아니라

놀림법이라우

뷔페 한 접시

한강 건너
마곡 전철역 앞
빼곡히 들어서는 빌딩 공사현장

점심시간
안전모 눌러 쓴 인부들이
길 건너로 쏟아져 나온다
한 끼 따뜻한 밥과 커피 한잔은
하루 최고의 피로회복제
어깨가 멍들어도
내려놓을 수 없는 가장의 무게
땡볕 짊어지고 공사장 누비는
남자의 운명적 이름
아버지

함바식당
푸짐한 한식 뷔페 한 접시가
노동의 한낮을 달래 준다

새들의 품질보증서

한겨울 다 지나가는
2월 하순

만생종
귤나무 가지에
폭, 폭 파인 과육의 속살들
주인 모르게
콕, 콕 찍혀 먹힌 자국들이 선명하다
증거는 확실하지만
비용은 청구할 수 없는
일 년 귤 농사

텃새들 부리로
톡, 톡 미리 써놓은 품질보증서다

단발머리 소녀들

잘록한 허리에 주름 질끈 동여맨
하얀 반소매 블라우스 교복에
남색 플레어스커트 받쳐 입은 단발머리 소녀들
교실 맨 앞자리에 낮은 키 순서로 앉아
꼬꼬마 숙녀라며 공부하던
내 친구 다섯 명
오래된 앨범 흑백사진 속에서
아직도 백합처럼 미소짓고 있다

민들레 꽃씨처럼
지구촌 여기저기 흩어져 살고 있을

자
숙
옥
순
행

지금은
어디에 뿌리 내려 가을꽃 피우고 있을까

봄꽃 향기에 빠지다

은하수 별들 함께
나목으로 지새운 몸 시린 어두운 밤
겨우내 나무는
가슴 속에 꽃을 품고 있었다

곤줄박이 지저귐에
새벽 눈 뜬 가지들
꽃샘바람 잘 견디고
스스로 알아서 척척

꽃 심지에 불 밝힌 꽃등
가지에 내어 걸면
일벌, 나비들
이 꽃 저 꽃 들랑날랑
여기저기 향기 찾아 해종일 분주하다

목련

사순절 이른 새벽
어어어 우우우
터진 눈물샘에서 흘러넘치는
은혜의 강물
누구도 막을 수 없다

아베마리아
기억해요 그 사랑
일어나 깨어 기도하라
귀 있는 자여 들을지어다
뭉크의 절규처럼
아아아 오오오

입술 봉긋이 열고 부르는
경건한 나팔 소리
고요한 아침이
활짝 기지개 켜고 있다

낮술에 대한 편견

조금씩 쓸쓸해지는 11월 하순
따끈한 동태탕에 마음을 데우러 간
모슬포 부두식당 점심시간
식탁 여기저기 보글보글 동태탕이 끓고 있다
삼삼오오 모여앉은 아낙들의 이야기꽃도
당단풍처럼 물이 든다

"여기 국물 좀 더 부어주시고요."
"소주도 한 병 더 주세요."

흘낏 돌아본 내 시선 옆으로
추가 주문 낙엽 두 잎 주방으로 날아가고
깊어가는 가을 속으로
아낙들이 떠나간 식탁 위
속을 비워낸
한라산 병 둘 성차별은 왜 하느냐며
키를 나란히 맞추고 서 있다

그렇지, 낮술은 남자만 하는 게 아니지

벚꽃길

표선
오일장터 입구에서
한 자루씩 펑, 펑

금방 튀겨낸 몇 가마니
녹산로 하늘로 후루루루
날아간 팝콘들
텅 빈 나뭇가지에 조롱조롱
매달린 새봄, 환해진
꽃길

예쁜 딸
혼삿날 평생 걸리고 싶은 핑크빛
벚꽃 길

오래된 휴식

펜을 놓고 시를 놓고
순식간에 10여 년
시 창고는 날아가고 시심은 사라지고
감각은 무뎌졌네

오래 전 약속했던
부부시집이라는 말
그대의 가슴 한켠
와인처럼 숙성되고 있었네

깊은 시의 잠을 늘
흔들어깨우는 당신, 덕분에
나 새롭게
굳게 닫힌 시문^{詩門}을 두드리네

2부

빗방울 랩소디

바닥에 대한 경고

허방을 짚어본 사람은 안다
바닥에도 함정이 있다는 걸
땅이 흔들려 갈라진 틈새
싱크홀 깊은 골, 착각의 수렁 같은
바닥에 빠져본 사람은 안다

정신 놓고 걷다가 고꾸라진 나
달리다 엎어져 앞니 부러진 아들
목욕탕에 미끄러져 손목 부러진 큰언니
침대서 떨어져 고관절 골절된 어머니
경운기 끌던 아버지 논바닥으로 굴러
다시는 일어설 수 없다는 걸 알기까지
길은 꾹 입을 다물고 있다

세상사에 취한 줄도 모르고
수 없이 넘어지고 쓰러져 한세상 마칠 때쯤
비로소 바닥은 입을 연다

바닥은 결코 안전지대가 아니다

거짓말

내 안에 또 다른 나를 찾아
취해보고 싶었다
취해보지 않고는
도무지 모를 것 같은
더 깊어지고 넓어질 것 같은
사랑을 위하여

꼭 한 번
온몸 두드러기 번지듯
심장이 불콰해지도록 무아지경
흠뻑 취하고 나서야
속 깊이 숨어 있는 위선적 자아의
거짓말을 듣는다

한낱 저밖에 모르는
이기적인 여자로 사는 게 그저 꿈이었던
그냥 바보는 바라볼수록 보석이라는
거짓말 같은 거짓말
진실 아닌 진실, 언제나
강한 부정은 강한 긍정과 맞닿는다

곶자왈 노루 울다

'좋은 아침'
'안녕히 주무셨어요?'
눈뜨면 주고받는 우리 집 인사말

춘분 지나 이른 아침
곶자왈 빌레길 돌아 나올 때
'꺼억, 꺽' 노루 울음
친정어머니 하관식에서
작별 인사하던 막내 딸내미 오열 같다

출구로 향하는 발길
멀어지는 울음 그 사이로
카카오톡 비보 하나 손바닥에 날아와 앉는다
내일 만나 술 한 잔 함께 하자던 친구
오늘 아침 일어나지 못했단다

속절없이 날아간
밤새 안녕?
좋은 아침은 누구에게나 공평하지 않다

섯알오름에서

섯알오름에서 내려다보면
움푹 파인 분화구에
둥근 수조 모양
큰 웅덩이에는 늘 물이 고였지

그건 그냥 물이 아니라
죄 없이 끌려와 희생된
죽은 자들의 억울한 눈물이라고
비명이 담긴 두 개의 웅덩이가
증인이 되어 말해주네

무엇으로 영령들께 다가갈까
이곳에서는 그 어떤 말도 할 수가 없네
우리가 할 일은
끝까지 그들을 기억하는 일이네

아버지의 기도

바늘구멍 사진기
작은 틈새에도
어둠 비집고 들어오는
빛의 직진

수 억만리 허공을 달려와
환하게 길 밝히는
한 줄기 햇살은
하늘의 선물

97세
아버지의 기도
날마다 새벽하늘 올라가는
직진의 사다리였다

황홀한 고립

점
점
섬이
되어 간다

파도에 밀려온
페트병 하나, 비닐봉지 한 장도 반갑다며
외로움과 함께 사는
통영 갈도의 그 남자

폐교는 영화관으로
파출소는 집으로 쓰면서
섬 주인 4년 차를 즐기는 털보 아저씨
혼자여도 좋다며

섬이
되어 간다
점
점

내가 나에게 몬드리안의 추상화처럼

뭐가 그리 대수야
지치고 힘들 땐 쉼팡이 필요해
오만 근심 털어내고
이 또한 지나가리라 믿고 기도하기
몬드리안의 추상화 속
새하얀 방에 들어가 자연의 소리에 귀 기울이기
가로세로 반듯하게 그려진 사각형처럼
몸, 마음 평정을 유지하기
딸도 아들도 싫다는
부모의 잔소리 이젠 건너뛰기
맞다 틀리다 이분법적 잣대에도
다 이유가 있다는
우리 서로 다름을 인정하기
빨강, 노랑, 파랑 톡톡 튀는 개성들이
세상을 뒤집어 놓아도 꼭 지켜야 할 것들
아름다운 지구별
하늘, 땅, 바다 아프게 하지 않기

그리고 화통하게 웃고 살기

별식

대청마루 두레상에
온 식구 둘러앉아 함께 먹던 밥
그 시절 아득하다

일 년 만에 제주에 온
아들 내외의 웃음과 함께
함덕 해산물 한정식집에서
푸짐한 상을 받는다
세상 부럽지 않은
행복을 불러오는 저녁 만찬
눈으로만 먹어도 배부른 음식을
맛으로 맘껏 즐긴다
든든한 밥 한 그릇은 사랑의 에너지
소나무처럼 자라는 손주들과
여섯 식구 모여 앉은 식탁 위
비워지는 그릇마다 감사를 담는다

날마다 먹을 수 있는 밥이 아닌
'함께'라는 시간이 별식이다

남편의 앙코르

일복 많은 아내는 밤낮 바쁘다
주말 오일장에서 사 온 배추 세 포기
밤새 절이고 새우젓, 멸치젓갈에
텃밭서 키운 고춧가루, 다진 마늘, 생강, 부추랑
갖은양념 버무려 심야 김치를 담근다
주부 이력 사십 년 차
아내 손만 가면 입맛 다시며
곁에서 간 보아주는 남자
아내표 김치 맛이 최고라며 엄지 척
아내를 높이 들어 올린다
별 것 아닌 요리 식탁 위 수육 한 접시
비빔냉면에 특별 반찬 수박껍질 무침에
폭삭 익은 김칫국물까지 싹싹 바닥을 비우는
남편에게 아내도 엄지 높이 치켜세운다
주방에 널린 집기들
뒷설거지 마무리 잘해주는
'아내 사랑표' 남편의 수고가
그중 최고의 앙코르다

베트남 쩐티

베트남 엄마가 데려온 중도 입국 여학생 중2 쩐티
한국에 온 지 일 년이 지나도 할 줄 아는 한국어는
오직 두 마디 "네"와 "아니"

엄마랑 친이모랑 주변 베트남 이민자에 둘러싸여
한국어 한마디 하지 못하고 모국어만 쓴다는 쩐티
를 다시 베트남에 보내고 싶다는 새아버지 마음도
모르고 쩐티를 부러워한다는 베트남 친구들과만 채
팅하고 혼자서 케이팝, 케이 드라마에 빠져 밤잠을
설치는 쩐티에게 일주일에 다섯 번 하루 세 시간씩
나는 온몸으로 한국어를 가르친다 TV와 친하지 않
은 나에게 쩐티는 베트남 친구들도 좋아한다는 케
이팝 가수 아이유의 최신곡과 인기 방영 드라마 '이
상한 변호사 우영우'를 스마트폰으로 찾아주는 쩐
티와 난 하나 되어 빠져든다 어느덧 입국 4년 차,
세 살배기 남동생의 누나, 첫 돌맞이 여동생의 언니
되어 고국 그리울 틈도 없이 꿈 많은 쩐티는 여고생
이 되고 이젠, 입이 트여 케이 소녀가 되고 있다

6개월을 함께 하며 내 딸처럼 느껴진다 오늘도
전화로 안부를 묻는다

빗방울 랩소디

내 몸 어딘가에
그리움의 현들이 줄줄이 숨어 있었을까
가느다란 빗줄기로 시작되는
현악 4중주

날아갈 듯 울리는
바이올린의 선율이 말초신경을 따라 흐르면
관절 마디마디에서 쑤셔대는
비올라의 통증

첼로의 낮은 음색으로 당신을 부르면
그윽하게 깊어지는 님의 향기
어디선가 쿵, 쿵
더블베이스 음색으로 걸어온다

내 몸 어느 구석에
이 많은 그리움의 현들이 빗금으로
숨어 있었을까

동막 갯벌

수시로 바다도 옷을 벗는다

쏴르락 쏴르락 밀려와
하얗게 부서지는 포말로는
욕망의 분화구 꺼지지 않고
검은 실핏줄 사이사이 자리가 넓어진다
삶의 널브러진 파편들이 가라앉아
바닥을 드러내는 갯벌
축축한 사랑, 눅눅한 증거들을
흐린 날은 흐린 하늘의 비로 적셔 가슴을 씻고
맑은 날은 맑은 햇살에 널어보고 싶은 거다
창창한 심연의 계곡마다
붕대로 싸매고 여민 상처
파도처럼 몸부림치는 삶의 애환들이
꼭꼭 숨어 있는 바다도 옷을 벗고

때때로 가슴을 열어보고 싶은 거다

보여줄 수 있다면

의미 없는 자음, 모음으로
허공에 흩어지는
언어의 부스러기 말고
말로는 다할 수 없는
노을빛 가슴속을 환히 보여줄 수 있다면
네게로 흐르는 강물
윤슬로 반짝이는 내 마음의 빛깔을
보여줄 수 있다면

마음 깊은 곳에
영영 희미해지는
그리움의 허상을 출력할 수 있을까
문득문득 허공으로 수신되는
텅 빈 너의 실상은 언제나 순간이지만
가슴 속 동굴처럼
하울링 되는 그림자 하나
멈출 수 없는 사랑의 애착이다

꽃들과 대화하다

아침 산책길에
작디작은 들꽃들과 마주칠 때
꽃 위에 스마트폰의 구글렌즈 대어 본다
조그만 돌 틈 사이 얼굴 쏙 내민
네 이름 크게 불러주고 싶어서

애기괭이밥, 구슬붕이, 계요등, 여뀌, 고마리, 쇠별꽃, 등심붓꽃…

꽃 앞에 쪼그려 앉아
이름 불러주지 못했다고

'미안, 미안' 말을 걸면
'아니, 아니' 괜찮다고

바람에 살랑살랑 고개를 젓는다
새끼손톱보다 더 작은
이 땅 위에 피고 지는 별을 닮은 꽃들

빗방울 여행

수도꼭지를 열면 콸콸 쏟아지는 맑은 물의 발원 궁금합니다 오대양 어느 바다에서 하늘로 날아오른 구름이 되었다가 이슬비 소나기 빗방울 되어 노루 사슴 뛰노는 들판을 적시고 머나먼 이 길을 달려왔을까요

풀잎에 매달린 싱그러운 보석, 영롱하게 열리는 눈매를 보면 바로바로 상선약수, 착하디착한 물의 심성이 바위를 뚫고 세상을 적셔 싹 틔우고 꽃 피우고 열매를 맺게 하는 생명의 근원임을 어찌 잊고 살았을까요

수도꼭지를 열면 샤워기에서 쏟아져 내리는 찬물 더운물로 샤워를 할 때마다 함지박 가득 차오르는 감사와 행복에 잠시 눈을 감는 아침, 누구에게 한 바가지 물이 되는 하루를 꿈꿉니다

가을 달빛

지평선 너머에서 훅훅
내쏘는 입김에 후끈 달구어진 몸
혼을 식히려는 차가운 눈빛
고요 속 초침 소리
온누리에 꽉 차 있다

소음 가득한 한낮에는
보이지도 들리지도 않는
힘껏 팔 벌려도 안을 수 없는
달덩이 빛다발이 가을밤
초고속 직선거리로 날아든다

우주 공간을 이륙한
별똥별 하나
티끌보다 자잘한 틈새를 뚫고
허공으로 사라지면
하늘은 밤새 몸을 뒤척인다

아오리 향기 같았던 너

햇살 가득한 역전 광장
오밀조밀한 이목구비 딱 한주먹감이라고
누가 주머니에 날름 넣고 갈라
마네킹처럼 서 있는 여대생 조카를
독수리 발톱 가진 사내가 휙 낚아채
날아가면 어쩌느냐고 마음 졸이던
이모는 말했었지
샤워 마치고 긴 머리카락 말리며
꽃사과 무늬 민소매 원피스 그 위
초록빛 레이스 앙상블 걸쳐 입은 널
오래도록 보고 싶었던 이모는 할머니 되고
아오리 사과 향 풍기던 너는
순한 사슴 남자 만나
두 아이 엄마 되어 있구나

세월은 조용한 변신을 시도하는 마법사
놀라운 시간의 거울이다

■□ 해설

집단 무의식과 실존주의적 지향성

박현솔(시인, 문학박사)

최근 현대시에서 장르의 경계가 느슨해진 것을 대부분의 시인들이 공감하고 있을 것이다. 그만큼 과거의 시 쓰기와 오늘날의 시 쓰기가 많이 달라지고 있으며 이것은 다른 장르의 적극적 유입이 발생하고 있음을 의미한다. 그중에서 서사의 요소인 서술은 시와 가장 근접해있어서 시에 유입되기 쉬운 특징이 있다. 이야기를 서술하는 것에도 시인들이 크게 거부감이 없고 시에 이야기가 끼어드는 것도 매력적인 일이 되었다.

현대시는 문체면에서 서술시와 묘사시로 구분되는데 서술시는 주로 인간 삶의 과정과 조건을 다루고, 묘사시는 주로 대상의 감각적 특질을 다룬다. 이때 시가 온전히 서술로만 이루어지거나 온전히 묘사로만 이루어지진 않는다. 이야기시나 산문시라고 해도 서술의 비율이 백 퍼센트인 경우보다 묘사가 일정 부분 개입하는 것이 일반적이다. 즉 서술과 묘사에서 그 비율이 얼마만큼 커지느냐에 따라서 서술시인지 묘사시인지가 구분이 되는 것이다.

그리고 서술과 묘사를 활용하는 것은 문체의 선택이기도 하지만 인식의 문제이기도 하다. 평소에 스토리를 많이 접하고 이야기를 전달하는 방식을 선호하는 경우에는 서술의 방법을 선택하게 된다. 반면에 이미지의 감각적인 전달에 더 끌리는 경우에는 묘사에 중점을 두게 된다. 특히 그림이나 사진, 영화에 노출이 많이 된 경우라면 서술보다 이미지를 더 중요하게 생각할 수 있다. 이러한 맥락에서 볼 때 현대시의 대표적 시인 중에서 서술 위주의 시를 쓴 시인으로 백석을 들 수가 있고, 묘사 위주의 시를 쓴 시인으로는 김광균을 들 수가 있다. 이들은 각각 독특하고 개성적인 서술과 묘사로 자신만의 시적 세계관을 확립했다고 할 수 있을 것이다.

한편 자본주의와 물질만능주의가 팽배한 이 시대에 시인으로 살아간다는 것은 평범한 일이 아니다. 요즘 시대에 시인이 된다는 것은 특별한 일인데 더욱이 부부가 시인이라면 얼마나 더 특별한 일인지 모른다. 물론 생업을 다른 것으로 하면서 시를 쓰는 경우라고 해도 부부가 시의 길에 들어섰다는 것만으로도 이것은 참으로 축복하고 격려해야 할 일이다. 그리고 부부 시인은 일상을 벗어나 서로의 시에 대해서 최초의 독자가 되어 준다. 그러면서 개성이 약하거나 배려심이 많은 시인 쪽이 개성이 강한 목소리에 끌려가면서 자신만의 개성을 잃어버리기도 한다. 심할 경우 한쪽이 푯대를 잃고 헤매다가 붓을 꺾기도 한다. 그만큼 부부 시인의 창작에서 각자의 영역을 존중하는 것은 참으로 어려운 문제이다. 하지만 김춘기 시인과 김영옥 시인은 유연하게 상대의 세계를 수용하면서 자신들만의 발전을 모색해온 듯하다.

이들 부부 시인은 둘 다 교육자이다. 남편은 교장으로 퇴임을 했고 아내는 여전히 현역 초등교사로 재직하고 있다. 이 부부 시인은 시의 길에 들어선 지 20여 년이 지났지만 여전히 함께 활동하면서 서로의 시적 경향을 존중하려고 노력한다. 그래서 김영옥 시인은 삶에 관한 시를 창작하며 깨달음을 중시하는 서술 위주의 시를 쓰고, 김춘기 시인은 생동감 있는 이미지에서 발견의 미학을 찾으려는 묘사 위주의 시를 쓰고 있다. 그렇다면 실제로 이들의 시에서 서술과 묘사가 어떤 방식으로 어떻게 드러나고 있는지 살펴보기로 하자.

    입춘의 꽁무니를 잡은 애기냉이, 못처럼 뽑혀 아내의 소쿠리를 채운다.

    겨울 숙취 아직 덜 깬 봄이 먹감나무 정강이 아래 쪼그려 앉아 냉이를 캔다. 늙으신 어머니 눈을 밝게 해야겠다고, 싸리냉이가 토장국에 온몸을 푼다. 탱자나무 울타리 아래 좁쌀냉이들이 모여 춘곤

중을 오물오물 씹고 있다. 고뿔 걸린 아버지 입맛 돋우기 위해 다닥냉이가 씀바귀와 손잡고 온다.

홈플러스 진열대에서 서양말냉이 처음 본 두메냉이, 순간 변신을 꿈꾼다. 이제부턴 시골집 냉잇국, 무침에나 머물지 않겠다고. 백화점에 얼굴 한 번 내밀어야겠다고. 나도냉이, 벌깨냉이, 구슬갓냉이, 미나리냉이. 뿌리 잔털을 뽀얗게 다듬고는 파릇한 잎사귀 쫑긋쫑긋 세우며 봄볕을 촘촘하게 조제해 넣는다. 새처럼 하늘로 날고 싶은 황새냉이, 두루미냉이. 냇가에서 종일 날갯짓에 바쁘다.

변산바람꽃 유혹에 빠졌던 대부도냉이 가느다란 다리에 초록 양산 팽글팽글 돌리며 서울행 봉고차에 오른다. 무지개를 주머니마다 채우고 변신 꿈꾸는 냉이 향이 코끝에서 맴돈다.

- 김춘기 「냉이의 변신」 전문

이미지는 시의 형상을 구성하는 핵심 요소로서 시 창작을 추동하는 원리이다. 언어로 된 그림이거나 무언가에 대한 영상을 떠올리게 하는 이미지는 시각, 청각, 공감각적으로 감각에 호소하여 사물에 대한 우리의 감각적 경험을 불러일으킨다. 즉 외부에서 받은 자극이 몸의 지각 작용을 통해서 형성되는 마음속의 재생이 이미지인 것이다. 그리고 이러한 이미지는 아무리 짧은 이미지라도 시인의 사고와 가치관, 사상, 세계관 등을 지니게 된다.

시적 환유에서 선택과 결합은 시인이 현실을 이해하는 방법인데 김춘기 시인의 시 「냉이의 변신」에서 다양한 냉이를 열거하는 것은 선택의 축을 형성하면서 "냉이의 변신"을 제시하기 위함이다. 그리고 냉이의 종류를 엮어내는 결합축에는 사랑하는 가족들의 기억이 내재되어 있다. 그렇게 선택과 결합을 통해서 감각적인 측면과 개성적인 이미지가 형성된다. 냉이에서 연상되는 여러 이미지는 우리의 감각을 자극함으로써 마음에 선명하게 새겨지고 있다. 여기에서는 주로 시각적인 감각에 호소하여 사물에 대한 감각적 경험을 불러일으키고 있다. 앞의 서술에서 얘기했듯이 묘사에서도 온전히 백 퍼센트 묘사로만 이루어진 시는 없고 어느 정도 설명하는 서술 부분이 들어가기 마련이다. 이 시에서는 "늙으신 어머니 눈을 밝게 해야겠다고"나 "백화점에 얼굴 한번 내밀어야겠다고" 등의 표현이 이것에 해당된다. 그리고 나머지 대부분의 심상을 이미지로 채우고 있는데 아내가 캐오는 냉이에서부터, 유년에 가족들을 위해서 캐던 냉이, 홈플러스 진열대에서 본 다양한 이름과 생김새의 냉이가 총출동하고 있다. 따라서 이 시는 냉이의 생산에서 유통까지의 흐름을 통해서 그 사물에 초점을 맞추려는 의도에서 이미지를 구사하고 있다.

> 입덧 가득한 산란기의 어미 연어
> 물살의 갈피를 돌돌 말아, 집 한 채씩 짓는다
> 혼인색 눈부신 수컷의 격렬한 공방전
> 산통을 어루만지며 붉은 알 쏟는 어미
> 강물은 산파가 되어 기진맥진한 연어의 배를 눌러준다
> 지느러미 팽팽한 아비 마지막 체액 몇 방울이 뜨겁다
> 숨이 멎는 연어의 홀쭉한 배가 여기저기서
> 물길을 뒤집는다
> 갈매기 흰비오리에게 온몸 보시하는 연어
> 조문객이 된 새우 동자개 참게에게도
> 살점을 떼어준다
> 집단 장례 만찬을 끝낸 영혼의 행렬
> 안개비를 앞세우고, 종일 만장이 펄럭이는 바다로 간다
> 강물의 울음이 둑을 타고 넘는다
> 생명을 받아먹은 남대천
> 다시 무수한 생명을 낳을 것이다
>
> - 김춘기 「장례 만찬」 부분

"연어"가 모천으로 회귀하여 알을 낳는 긴 여정에서 각각의 이미지들은 매우 역동적이다. 연어들은 알을 낳으려

는 일념으로 그 고난의 과정들을 감내하고 있다. 시인은 연어가 낳는 알의 생명성에도 주목하면서 죽음에 드는 순간의 숙연함도 아울러 전달하고 있다. "집단 장례 만찬을 끝낸 영혼의 행렬/안개비를 앞세우고, 종일 만장이 펄럭이는 바다로 간다/강물의 울음이 둑을 타고 넘는다"에 이르러서 유기적으로 결합한 이미지들이 최종 목적인 주제를 향해 가속페달을 밟는 듯하다. 그리고 마지막에서 "생명을 받아먹은 남대천/다시 무수한 생명을 낳을 것이다"로 귀결되면서 전체적인 구성을 통해서 다다른 최종의 주제를 의미 있게 전달하고 있다. 이렇게 시인은 생명의 탄생과 죽음에 의한 순환의 구조가 별개의 것이 아닌 하나로 연결되어 있다는 깊은 통찰을 보여주고 있다. 시에서 이미지와 이미지의 유기적 결합이 시 텍스트인데 이것으로 인해서 전체적인 시의 의미와 세계를 구성하게 된다. 즉 하나의 개별 이미지도 중요하지만 그것들의 유기적 결합인 이미저리로 형성된 시 텍스트에는 시인이 의도한 주제와 세계관이 오롯이 녹아있게 된다.

  또한 연어는 강에서 태어나서 바다로 나아갔다가 알을 낳을 때가 되면 다시 자신이 태어난 곳으로 돌아와서 알을 낳고 죽는다. 드넓은 자연의 세계를 경험하고 거친 약육강식의 위험을 겪으면서 완전한 존재가 된다. 그리고 자신이 태어난 강을 떠올리면서 그곳을 죽음의 자리로 정하고 돌아오게 된다. 시적 화자가 감정이입을 하는 연어의 생을 통해서 시인이 지향하는 곳이 고향이라는 것을 알 수 있다. 자신이 현재 살아가는 곳은 지나가거나 스치는 곳일 뿐 최종적으로 자신의 몸을 내려놓을 곳은 고향밖에 없다. 가족들과 친구들과의 기억이 오롯이 남아있는 고향으로 가기 위한 기나긴 여정일 뿐인 것이다. 실제로 김춘기 시인의 시에서 감지되는 공간들을 보면 무수한 곳을 여행하고 스치면서 살아가고 있음을 알 수가 있다. 그러나 그가 몸과 영혼을 내려놓고 위안을 받을 수 있는 곳은 오직 고향뿐이다.

큰 고개가 셋이라 세우개마을, 산 겹겹 장막을 친 곳.

승냥이를 키우던 노고산 곁 국사봉 위 신갈나무 너도밤나무 봄날 꿀비에 온몸을 씻으면 앞 개울은 구불구불 몸을 휘저으며 임진강으로 달렸지. 모내기 전날 마을 앞 큰 논배미엔 누렁소 풍경소리가 쟁기날에 미끄러지며, 황새들을 불렀지. 새참 지나 써레질한 논엔 소금쟁이 물맴이 식구들 죄다 나와 물수제비떴고. 아버지 어머니는 말거머리 참거머리에게 종아리로 헌혈하시던 곳.

새봄 실은 바람이 햇볕과 손잡고 비암천 따라

올라오면 마을 앞 둠벙에선 개구리 맹꽁이 두꺼비 들이 장가 좀 가보겠다고 목에 피가 나도록 울었 지. 나는 빡빡머리들과 손잡고, 찔레 삘기를 찾아 논두렁 밭두렁 넘고. 배 헛헛한 날이면 부모님 따 라간 수작골 논에서 참개구리 잡다가 화롯불에 구워 먹었지. 일요일엔 앞 개울에서 찰방거리며 물 길 돌려내고, 세숫대야로 흙탕물 모두 퍼내 올망 졸망 배 뒤집는 버들치 갈겨니 가재 검정 고무신에 담아오던 내 고향.

〈중략〉

제비가 강남으로 돌아가기 전부터 나는 겨울방 학만 기다렸지. 북풍이 소나기눈을 밀며 은골고개 넘어오면, 볼 빨간 얼굴로 토끼 발자국을 따라다 녔지. 방앗간 앞 논에선 외발 썰매 씽씽 100m 경 주하고, 모닥불에 나일론 양말 태우던 곳. 마을 앞 수렁논 헤쳐 미꾸라지 잡고는 어머니가 밥 먹으라 고 부르는 소리는 듣는 둥 마는 둥, 구슬치기 자치 기 딱지치기 제기차기 오징어 가이상 굴렁쇠 굴리 기로 개구쟁이 올림픽을 매일 열던 천국.

- 김춘기 「삼현三峴 아라리」 부분

인간의 정신은 의식과 무의식으로 나뉘고 무의식에는

개인이 체험하고 억압한 개인 무의식과 종족이나 집단이 오랫동안 체험하고 공유하는 집단 무의식이 있다. 이 시에서 화자가 경험한 것들은 한 지역 사람들이 경험할 법한 일들을 화자 가족들의 경험으로 대체하고 있다. 그리고 아이들의 놀이문화는 화자가 동네 친구들과 함께 공유한 것으로 보이기에 화자의 기억은 집단 무의식에 해당된다. 이러한 집단 무의식 안에는 집단정신에 내재된 원형과 보편적 상징과 이미지가 포함되어 있다. 김춘기 시인이 구사하는 이미지들에도 특유의 집단 무의식이 내재되어 있다. "양주의 눈발은 따뜻하게 내린다/면사무소 앞 양버즘나무 길/산책하는 사람들에게나/점마을 친구 부모님/안방 아랫목에서 무릎 맞대고/군고구마 입에 넣어주는 밤이거나/현암초등학교 일학년 가온이/백 점 맞은 시험지 흔들며/할머니께 뛰어가는/오후의 마당 어귀를 환히 비추며 내린다"(「양주에 내리는 눈」 부분)에서 집단 무의식의 원형과 이미지가 자연스럽게 표현되고 있다. "중학교 입시에 낙방했을 땐, 그냥 밍밍했지. 고등학교 시험에서 미끄럼 탔을 적엔 씁쓸했었고. 사대 졸업하고 선생 휴직 후, 입대해 논산훈련소에서 박격포탄 기합 못 받겠다고 버티다가 인간 샌드백이 되었을 때, 바로 쓴맛의 진수를 터득했지."(「쓴맛에 관한 고찰」 부분)에서는 개인 무의식의 서사와 이미지가 제시되고 있다.

경기도 양주시 광적면 우고리 "세우개 마을"이라고도

불리는 곳에서 시인은 태어났다. 시골 출신이라면 익숙한 풍경인듯한 세우개에서 시인은 부모님과 친구들과 무척 행복한 유년을 보낸 것 같다. 물질적으로 풍족하지 않지만 푸근해지고 정겨워지는 고향의 이미지를 가슴 속에 새겨두고 세상을 떠돌아다녀도 언제나 눈에 선한 곳. 그리움이 본능적으로 가닿는 고향에 대한 선명한 이미지들이 자연스럽게 떠오른다.

  김춘기 시인의 시는 집단 무의식을 반영하는 시를 주로 쓰면서 가끔 개인 무의식을 드러내는 이미지들이 채워지는 방식의 시 쓰기를 구현한다. 시인에게 고향은 특별한 애정이 담긴 곳으로 고향의 이미지 속에 부모님과의 추억, 친구들에 대한 기억이 내장되어 무의식의 근간이 되고 있다. 그리고 사물과 대상으로 인해 촉발된 감각과 그로 인해 번져가는 감성과 상상력이 경쾌한 리듬으로 전해진다. 문명보다는 자연을 가까이하고 자연 속에 녹아든 생명에 대한 예찬을 정감있게 드러내면서 무엇보다 아내에 대한 깊은 사랑과 타자들에 대한 배려가 시에 저절로 녹아있다.

> 한라산 윗세오름
> 눈 덮인 구상나무 가지 위
> 까마귀 한 마리
>
> 머리부터 발끝까지

검은 차도르를 칭칭 두른
이집트 여인처럼
까만 꽁지깃 다소곳이 접어 내리고
어깨 잔뜩 웅크려 앉아 있다

제 흥에 겨워 부르던 노래
음표처럼 흩어진 허공 멀리
못 박혀 있는 시선, 굳게 다문 부리에서
무거운 침묵이 뚝뚝 떨어져 흐른다

까마귀 옆 **빨간** 마가목 열매조차
아무런 위로가 되지 못하는 지금
쉬이 자리를 박차고 날아오를 기세가 아니다

허공에 꽉 차 있는 그 무엇이
발톱을 가지 위에 묶어 놓고
날아오르지 못하게 하고 있다

내가 모르는 사연, 또는 몰라도 상관없을
남의 말 하듯 함부로 까발릴 수 없는
마음의 통증 하나 없는 이 있으랴

제 몸뚱어리 하나 보다

훨씬 커다란 부피, 고통의 무게에 눌려
아무도 가르쳐 주지 않는
뒤엉킨 혼돈의 미로에서
더듬거릴 때 있지 누구든, 저 까마귀처럼
때로 먹먹하게 혼자일 때가 있지

– 김영옥 「윗세오름 까마귀」 전문

 시는 원래 시인의 사상과 감정을 전달하려는 목적을 지니지만 때로는 시인의 삶과도 밀접하게 연관되어 있다. 그러한 삶의 과정과 조건에 대해서 깊이 관여하는 서술을 통해서 무수한 이야기와 사건과 갈등이 드러나고, 시간과 공간이 제시된다. 이러한 요소들을 시에서 제시할 때에는 비유적으로, 상징적으로 드러나는 경우가 있어서 독자들이 이를 주의해서 살펴보아야 한다.

 앞에서 서술과 묘사를 말하면서 완전한 서술이나 완전한 묘사는 없다고 했는데 여기에서도 마찬가지다. 이 시의 1연에서 3연까지 "윗세오름"에서 본 "까마귀"의 모습을 묘사하고, 4연에서 7연까지는 까마귀의 모습에서 느껴지는 "혼돈"이나 먹먹함 같은 느낌을 서술의 방식으로 설명하고 있다. 비율적으로 봤을 때 이 시는 묘사보다는 서술 쪽에 가깝다고 해야 할 것이다. 이 시는 한라산 윗세오름에서 본 까마귀가 화자의 시선을 끄는데 구상나무에 앉아 있는 모습이 마치 "뒤엉킨 혼돈의 미로에서/더듬거리"는 것처럼 느껴진다. 까마귀의 막막한 모습에 감정이입이 된 화자 역시 삶 속에서 그런 순간들을 여러 번 경험했기 때문이다.

"속마음 활짝 열며/가까이 다가간다는 건/쉽게 상처받을 수도 있다는 것/잠시 소통을 줄이며/넘치는 인맥의 군살을 뺀다"(「감정을 리셋하다」 부분)에서 사람들에게 다가가서 진정한 소통을 하려 하지만 상대방이 그걸 받아주지 않을 때 잠시 멈춰서서 머뭇거리게 된다. 그래서 때로는 내면에 쌓인 "솎아내야 할 찌꺼기들/불평불만, 원망과 짜증의 씨앗들/시기와 질투, 오만과 편견, 불신과 오해, 가식과 위선…"(「삶의 사칙연산」 부분) 등을 자각하며 인간관계에서 일정한 간격을 두지 못했을 때 직면하는 어려움들에 대해서 까마귀라는 대상을 통해 인지하게 되는 것이다.

'좋은 아침'
'안녕히 주무셨어요?'
눈뜨면 주고받는 우리 집 인사말

춘분 지나 이른 아침
곶자왈 빌레 길 돌아 나올 때
'꺽, 꺼억' 노루 울음

친정어머니 하관식에서
작별 인사하던 막내 딸내미 오열 같다

출구로 향하는 발길
멀어지는 울음 그 사이로
카카오톡 비보 하나 손바닥에 날아와 앉는다
내일 만나 술 한 잔 함께 하자던 친구
오늘 아침 일어나지 못했단다

속절없이 날아간
밤새 안녕?
좋은 아침은 누구에게나 공평하지 않다

— 김영옥 「곶자왈 노루 울다」 전문

  실존주의는 현실의 자각적 존재가 실존의 구조를 인식하고 해명하려 하고 실존주의에서 인간은 세상 속에 내던져진 존재이며 죽음에 내던져진 존재이기도 하다. 인간은 본래 삶과 죽음을 선택할 수 없고 무조건 그것을 받아들여야 하는 존재이기에 그것에서 비롯되는 비극적 인식을 자신의 의지로 극복해야만 한다.
  여기에서 시적 화자는 우리의 삶에서 **빼놓을 수 없는** 죽음에 대해서 얘기하고 있다. 죽음은 삶과 떼려야 뗄 수 없는 관계이고 삶의 이면에 늘 공존하는 것이 죽음이라고 할 수 있다. 그렇게 삶과 죽음은 산책길에서 "노루 울음" 소리를 통해서 떠오르기도 하고, 어제 소통했던 지인이 오늘 죽음의 순간을 맞을 수도 있음을 자연스럽게 언급하고 있다. 즉 죽음이 있기에 우리 삶의 매 순간들이 의미가 있고 소중하게 인식되는 것이다.

이때 시인은 서술의 방식을 택하면서도 대화 부분을 첨가하여 극의 양식을 도입하고 있다. 이것을 통해 시인이 주제의식을 선명하게 드러내기 위해서 극의 요소까지 수용할 수 있고 장르의 경계를 자유롭게 넘나들 수 있는 사람임을 알 수가 있다.

또한 8년 전에 이주한 제주의 "곶자왈 빌레 길"이라는 공간의 제시와 '현재-과거-현재'의 순으로 나열되는 시간의 제시가 구체적으로 드러나고 있다. 그리고 "노루 울음"을 통해서 촉발된 "친정어머니 하관식"에서의 슬픔과 "친구"의 죽음에서 느껴지는 삶의 허무함이 실존주의적 관점에서 서술을 통해 전달되고 있다.

> 의미 없는 자음, 모음으로
> 허공에 흩어지는
> 언어의 부스러기 말고
> 말로는 다할 수 없는
> 노을빛 가슴속을 환히 보여줄 수 있다면

네게로 흐르는 강물

윤슬로 반짝이는 내 마음의 빛깔을

보여줄 수 있다면

마음 깊은 곳에

영영 희미해지는

그리움의 허상을 출력할 수 있을까

문득문득 허공으로 수신되는

텅 빈 너의 실상은 언제나 순간이지만

가슴 속 동굴처럼

하울링 되는 그림자 하나

멈출 수 없는 사랑의 애착이다

- 김영옥 「보여줄 수 있다면」 전문

 실존주의에서 인간은 본래 정지된 상태가 아닌 스스로를 계속 갱신해갈 수밖에 없는 존재이다. 허무와 자유가 팽배한 세계 속에서 자기 부정과 초월을 반복하면서 주체성을 찾아가야 한다. 이러한 기투(企投)는 주체적인 결단에 의해서 새로운 자기를 선택하고 비약하면서 확립된다. 이 시에서 "허공에 흩어지는" "언어의 부스러기 말고" "가슴속"과 "마음의 빛깔"을 보여줄 수 있다면 얼마나 좋겠

느냐는 것에서 시인이 진정 겉치레가 아닌 본질을 중요하게 생각하고 있음을 알 수 있다. 거짓과 위선으로 자신을 감추기보다 사랑으로 충만한 존재가 되기를 주체적으로 바라고 있는 것이다. 즉 사랑하는 대상에 대한 그리움과 애착을 끝없이 추구하는 시인의 본질적인 심적 상태가 오롯이 감지되고 있다. 그리고 시인은 평소에 주제의식과 메시지를 전달하는 것을 중요하게 생각하는데 이것은 교육자로서의 직업적인 태도와도 연관되고 삶에서도 연속적인 방향성을 갖는다. 그러한 시인의 의도는 서술로써 전달되며 타자들과 깊이 있는 소통을 꿈꾸는 시적 지향성을 보이고 있다.

　이렇듯 김영옥 시인의 시에는 자신의 내면과 사물 혹은 대상과의 인연과 삶의 의미들을 깊이 있게 들여다보려는 의지가 강하게 드러난다. 그러면서도 일상적인 시간과 공간 속에서 느끼는 행복의 순간을 감사하게 생각하고 가족들에 대한 사랑과 자연에 대한 경이로운 발견을 서술의 시학을 통해 온전히 비추기를 바라고 있음을 알 수가 있다.

　시인은 세상의 관심과는 다른 쪽을 지향하며 살아가는데 이러한 성향을 온전히 이해하고 받아줄 수 있는 존재는 역시 시인밖에 없다고 생각한다. 시인과 시인 두 사람이 부부로 만났을 때 서로에게서 세상의 잣대는 사라지고 함께 지향하는 시의 잣대로 세상을 바라보게 된다. 세상의 부부들은 한쪽의 애정이 식거나 삶의 조건들이 달라졌을 때 바로 어긋나고 깨져버린다. 하지만 부부 시인은 애정이 식거나 위기가 닥쳐와도 자신들이 함께 바라보는 시로서 자신을 되돌아본다. 서로가 먼저 자신을 내려놓고 조율해나가기를 망설이지 않는다. 물론 물질적인 것이 풍족하지 않을 때 부부 시인은 힘들고 위축되기도 한다. 하지만 어떻게 보면 물질적인 것이 충족되었으나 정신적인 것이 충족되지 않을 때 부부 시인은 더 큰 절망감을 느낀다. 시가 중재하는 감정의 공감, 시를 함께 공유한 부부 시인은 그만큼 결속력이 높다고 하겠다.

예전에도 간혹 부부 시인이 등장했지만 사회적 또는 관습적으로 부부 시인의 등장을 꺼려하는 경향이 있었다. 하물며 문단 내에서도 부부 시인이 함께 모임에 참석하는 것을 반기지 않는 분위기였고, 가부장적인 사고방식이 굳건하던 시기에는 부부 시인이 둘 다 온전하게 살아남기가 무척 힘들었다. 하지만 90년대 이후 시인들이 급속도로 많아지면서 부부 시인도 함께 많아졌다. 그러나 여전히 남겨진 숙제는 부부 시인의 시가 자신들만의 경쟁력을 확보할 수 있는가이다. 만약 그러지 못했다면 부부 시인 중 어느 한쪽의 영향으로 시가 중심을 잡지 못하고 상대방 쪽으로 끌려갔을 경우가 대부분이다. 이때에는 시의 발전보다는 퇴보라는 수순을 밟게 된다. 그러지 않기 위해서는 상대방의 시적 경향과 세계관을 존중하면서 개성을 잘 살려 나갈 수 있도록 도와주어야 한다. 그런 노력을 통해서 각자의 독특한 개성을 발전시켜 나갈 수가 있고 그런 모습들이 서로에게 좋은 영향력을 끼치게 된다. 문단에 들어선 지 20여 년이 넘도록 그 여정을 잘 거쳐온 김춘기 시인과 김영옥 시인은 지금까지 잘해온 것처럼 앞으로도 삶과 시를 잘 성장시켜나가면 될 일이다. 이분들이 문학사에서 훌륭한 부부 시인으로 아름답게 남는다면 어떤 시인들이 그 길을 따라가지 않겠는가.